Paiva Netto

Como vencer o sofrimento

Elevação

Produção editorial e revisão: *Equipe Elevação*
Impressão: *Mundial Gráfica*
Fotos: *PhotoDisc*
Capa e diagramação: *Alziro Braga*

A 1ª edição desta obra foi publicada em 1990.

Depósito legal na Biblioteca Nacional conforme
Decreto nº 1.825, de 20 de dezembro de 1907.

Dados Internacionais de Catalogação na Publicação (CIP)
(Câmara Brasileira do Livro, SP, Brasil)

Paiva Netto, José de
Como vencer o sofrimento / Paiva Netto . São Paulo : Elevação.

1. Autoajuda - Técnicas 2. Dor - Aspectos religiosos 3. Sofrimento - Aspectos religiosos I. Título

06-3112 CDD-248.4

Índices para catálogo sistemático:

1. Dor : Aceitação : Prática religiosa : Cristianismo 248.4
2. Sofrimento : Aceitação : Prática religiosa : Cristianismo 248.4

ISBN 978-85-7513-098-8

Av. Engenheiro Luiz Carlos Berrini, 1.748, cj. 2.512
CEP 04571-000 — São Paulo/SP — Brasil — Tel.: (11) 5505-2579
www.elevacao.com.br — sac@elevacao.com.br

Tratado do Novo Mandamento de Jesus

A Espiritualmente Revolucionária Ordem Suprema do Divino Mestre representa o diferencial da Religião de Deus, do Cristo e do Espírito Santo, base de todas as suas ações de promoção espiritual, social e humana, pela força do Amor Fraterno por Ele trazido ao mundo.

Ensinou Jesus, o Cristo Ecumênico, o Divino Estadista:
"13:34 *Novo Mandamento vos dou: Amai-vos como Eu vos*
amei. 13:35 *Somente assim podereis ser reconhecidos como*
meus discípulos, se tiverdes o mesmo Amor uns pelos outros.
15:7 *Se permanecerdes em mim e as minhas palavras em vós*
permanecerem, pedi o que quiserdes, e vos será concedido.
15:8 *A glória de meu Pai está em que deis muito fruto; e assim*
sereis meus discípulos.
15:10 *Se guardardes os meus mandamentos, permanecereis*
no meu Amor; assim como tenho guardado os mandamentos
de meu Pai e permaneço no Seu Amor.
15:11 *Tenho-vos dito estas coisas a fim de que a minha*
alegria esteja em vós e a vossa alegria seja completa.
15:12 *O meu Mandamento é este: que vos ameis como Eu*
vos tenho amado. 15:13 *Não há maior Amor do que doar a*

própria Vida pelos seus amigos. 15:14 *E vós sereis meus amigos*
se fizerdes o que Eu vos mando. 15:17 *E Eu vos mando isto:*
amai-vos como Eu vos amei.

15:15 *Já não mais vos chamo servos, porque o servo não*
sabe o que faz o seu senhor. Mas tenho-vos chamado amigos,
porque tudo quanto aprendi com meu Pai vos tenho dado
a conhecer.

15:16 *Não fostes vós que me escolhestes; pelo contrário, fui*
Eu que vos escolhi e vos designei para que vades e deis bons
frutos, de modo que o vosso fruto permaneça, a fim de que,
tudo quanto pedirdes ao Pai em meu nome, Ele vos conceda.

15:17 *E isto Eu vos mando: que vos ameis como Eu vos*
tenho amado.

15:9 *Porquanto, da mesma forma como o Pai me ama, Eu*
também vos amo. Permanecei no meu Amor".

(Tratado do Novo Mandamento de Jesus, reunido por Paiva Netto, consoante o Evangelho do Cristo de Deus, segundo João, 13:34 e 35; 15:7, 8, 10 a 17 e 9.)

O Mistério de Deus
por Jesus Cristo Revelado é o Amor.

Paiva Netto

"Se esta obra é de homens, não triunfará.
Mas se é de Deus, não a combatais,
pois estareis combatendo
o próprio Deus."

Gamaliel (Atos dos Apóstolos de Jesus, 5:38 e 39)

"Respondendo Pedro e João aos sinedritas, disseram: 'Não podemos deixar de falar daquilo que vimos e ouvimos. (...) Importa antes agradar a Deus que aos homens'".

(Atos dos Apóstolos de Jesus, 4:19 e 20 e 5:29)

Tudo fica para trás. Jesus, o Cristo Ecumênico e Divino Estadista, permanece! Ele disse: *"Passará o Céu, passará a Terra, mas as minhas palavras não passarão"* (Evangelho, segundo Lucas, 21:33).

Do autor

PREFÁCIO

Esta obra é muito mais que um livro, é um verdadeiro companheiro de viagem durante seus passos nesta estrada da vida.

O autor conseguiu, de uma maneira envolvente, discorrer sobre mensagens nascidas de seus improvisos no rádio e na televisão, que criam no coração sentimentos de Esperança e Fé.

Acreditar que o Bem sempre encontra um caminho é praticar nossa melhor condição como seres humanos. Nestes instantes de leitura, o Bem se fará presente como um sussurro aos ouvidos vindo do Universo e tocará seu coração.

Quantas vezes nos sentimos traídos pelos fatos da vida que nos assolam e parecem abater nossa vontade de prosseguir, colocando dúvidas em nossa mente! Nesses momentos, precisamos de uma palavra amiga, uma dose de otimismo e um fio de alegria para continuar. Precisamos de uma verdadeira mão amiga.

Este livro reúne e transmite energia de uma verdadeira mão amiga, uma mão amiga que vai afagar seu coração, elucidar seus pensamentos, colocar em seus lábios um lindo sorriso, reviver seus sonhos e restabelecer sua força para que você cumpra sua missão.

Poucos escritos têm esse poder, e o motivo é simples: palavras convencem, mas somente o exemplo arrasta. Por trás das letras deste livro está a lição de vida de seu autor, uma vida dedicada ao Bem e ao próximo, a qual lhe atribuiu propriedade e experiência para discorrer sobre um assunto tão imprescindível nos dias atuais.

Como Vencer o Sofrimento é um bálsamo produzido por um verdadeiro cientista da Alma, que tem dedicado sua vida ao crescimento espiritual das pessoas e à expansão do Bem.

Deixe este livro atuar em seu coração e sinta que todo e qualquer sofrimento é apenas um evento em nossa vida que pode ser transmutado com a vitória de nossos verdadeiros sonhos.

Cesar Romão
Escritor e conferencista

Antes de começar...

Caro leitor, *Como Vencer o Sofrimento* é mais um *best-seller* de Paiva Netto lançado pela Editora Elevação. Nesta obra, Você encontrará não apenas alívio para as angústias que afligem a Alma humana, ao sentir-se impotente ante os desafios da Vida, mas também esclarecimentos acerca de questões essenciais à felicidade plena, tais como o combate à intemperança, à omissão, à ociosidade, ao ódio, à procrastinação, à transferência de culpa, enfim, às enfermidades psíquicas e sociais que acometem as criaturas mundo afora. Essas doenças do Espírito são causadoras de sofrimentos e angústias, ódios e ressentimentos, frustrações e suicídios, guerras e separações. Muros foram erguidos em consequência delas, países sofreram a exploração econômica sem piedade, nações foram renegadas à miséria, criaturas abandonadas à própria sorte, corações partiram-se.

Os tormentos mais inimagináveis que envenenam, com o dardo do desânimo, donas de casa, chefes de família, empresários, operários, políticos, militares, cientistas, religiosos, filósofos, artistas, esportistas, professores, estudantes etc. têm origem nessas enfermidades da Alma, que são de forma contundente combatidas pelo escritor Paiva Netto. Aqui, Você não encontrará concordância com a dor, mas o apelo à renovação íntima, predispondo-nos ao enfrentamento dos óbices surgidos em nosso cotidiano, e o convite para lutar sem desânimo, sem entregar os pontos, aprendendo a sublimá-la, tirando dela lições que devem e precisam ser aprendidas para nossa plena felicidade e sabedoria.

Como Vencer o Sofrimento é o roteiro da segura e definitiva vitória do desbravador Espírito humano.

Gerdeilson Botelho
Editora Elevação

A Vitória da Vida

Bastos Tigre*
(Extraído da *Antologia da Boa Vontade*, 1955)

Pobre de ti se pensas ser vencido!
Tua derrota é caso decidido.
Queres vencer, mas como em ti não crês,
Tua descrença esmaga-te de vez.
Se imaginas perder, perdido estás.
Quem não confia em si, marcha pra trás;
A força que te impele para a frente
É a decisão firmada em tua mente.

Muita empresa esboroa-se em fracasso
Inda muito antes do primeiro passo;
Muito covarde tem capitulado
Antes de haver a luta começado;

---

* **Bastos Tigre** (1882-1957) — Entre outros destacados talentos, foi jornalista, poeta, compositor, teatrólogo e publicitário.

Pensa em grande, e os teus feitos crescerão;
Pensa em pequeno, e irás depressa ao chão.
O querer é o poder arquipotente.
É a decisão firmada em tua mente.

Fraco é aquele que fraco se imagina;
Olha ao alto o que ao alto se destina;
A confiança em si mesmo é a trajetória
Que leva aos altos cimos da Vitória.
Nem sempre o que mais corre a meta alcança,
Nem mais longe o mais forte o disco lança,
Mas o que, certo em si, vai firme e em frente,
Com a decisão firmada em sua mente...

O Amor é o grande
campeão das mais
difíceis batalhas.
Supera todos os
sofrimentos.
Ele é Deus.

OS HOMENS
TOMADOS PELO
ÓDIO PERDEM A
CONSCIÊNCIA DO
PERIGO.

Onde há medo,
a liberdade não
prevalece. Onde
existe ódio, a
violência faz seu
império.

Não se queixe da
dor, porque ela é a
companheira fiel que
abre os caminhos que as
facilidades costumam
fechar à redenção
humana. Portanto,
sublimá-la
é a mais adequada forma
de vencê-la.
No trabalho de Deus,
nada se perde, muito
menos a dor,
porque ela é a libertação
da Alma.

UM DIA, POR MAIS
RIGOROSO QUE
SEJA, O INVERNO
IRÁ EMBORA. O
VERÃO SEMPRE
RETORNA, PARA
AQUECER CORPOS E
CORAÇÕES.

Quando a gente quer
algo realizar, realiza.
Não acredite nessa história
de que tudo lhe é contrário. As coisas só
são eternamente difíceis para as criaturas
difíceis eternamente...
As pessoas simples, essas concretizam
fatos extraordinários.

DEUS CRIOU-NOS
PARA A FELICIDADE.
QUEM INVENTOU O
SOFRIMENTO
FOMOS NÓS, SERES
HUMANOS.

NINGUÉM CRESCE
NESTE MUNDO SE NÃO
SOUBER VENCER A DOR.
LAMENTAR NÃO ADIANTA. A
LUTA É QUE NOS
DÁ A VALIOSA
CHANCE* DE
PROGREDIR.

---

* **Chance** – Desculpem o galicismo.

Medite e aplique em sua vida
esta orientação do competente e
abnegado Espírito Dr. **Bezerra de Menezes** (1831-1900), conhecido
como o "Médico dos Pobres", no
antigo Rio de Janeiro, Brasil:
"Para os pertinazes, os caminhos se abrem mesmo durante a turbulência".

Antes

Deus,
Deus,
Deus,
Corrige os erros
dos meus Irmãos
e também os meus...
Antes...

(Essa pequena súplica, a fiz, porque geralmente condenamos os erros alheios **antes** de tentar corrigir os nossos.)

DIFICULDADES
SÃO PRÊMIOS DE
DEUS À NOSSA
INTELIGÊNCIA.

Nunca se soube que
Jesus jamais
deixasse de responder
ao apelo de uma
Alma sentida.

Oração Ecumênica

Ó Deus, sois a misericórdia de
todos os que padecem, providência
dos sofredores e aflitos!
Ó Sublime Educador,
Mestre da Serenidade Infinita,
prodigalizador da generosidade,
Potência Divina de
nossa Fé!
Deus clemente! para todo o sempre,
depositamos em Vossas mãos a
certeza de uma existência melhor.
Em Vós confiamos!

NÃO INVENTE PROBLEMAS. OS REAIS SEMPRE APARECEM.

Há quem passe a vida esperando o pior. Só isso é motivo para a pessoa ficar doente. Por que não desejar o melhor? **Thomas Jefferson** (1743-1826) chama-nos a atenção para esta gritante realidade: *"Quanto nos custaram os males que nunca aconteceram!"*.

Quando temos Fé
Realizante*,
por mais dificultoso
que seja o momento,
a dor não é empecilho à
nossa sobrevivência.
Pelo contrário,
é quando a criatividade
pode tornar-se maior e
mais requintada.

* **Fé Realizante** – É aquela que se opõe à fé ociosa.

Derrota só derrota derrotado

A vitória é a melhor
resposta a qualquer crise.
Derrota só derrota derrotado.

SUBLIMAR A DOR
É O ROTEIRO
DA ALMA
INTELIGENTE.

O Grande Amigo

Quem confia em Jesus não perde o seu tempo, porque Ele é o Grande Amigo que não abandona amigo no meio do caminho.

Obstáculos são estímulos

Neste mundo,
lutar é fato consumado.
Mas, se quisermos
compreender a natureza
das coisas, obstáculos
são estímulos à nossa criatividade.
Basta observarmos a História
para admitir esta evidência:
o desesperado é a
primeira vítima do desespero.

Cultivar temores
quando a
vida oferece
oportunidades
é um enorme
contrassenso.
Aprenda com a
sabedoria antiga,
que ensina: não
tema a crise.
Ela passa, você
fica.

GRANDE

LIÇÃO

DE TODA DIFICULDADE SE TIRA UMA GRANDE LIÇÃO. SE NÃO SUPLANTARMOS O DIFÍCIL HOJE, PODEREMOS SER ESMAGADOS PELO "IMPOSSÍVEL"* AMANHÃ. PORTANTO, MÃOS À OBRA ENQUANTO HÁ TEMPO!

* **Impossível** — Indagado sobre o assunto, Paiva Netto explicou que fez questão de manter a palavra "impossível" entre aspas, porque não acredita na impossibilidade de serem resolvidas quaisquer questões em favor do Bem. Firma-se neste rigoroso ensinamento de Jesus: *"O que não é possível aos homens para Deus é sempre possível"* (Evangelho do Cristo, segundo **Lucas**, 18:27).

O Amor é indispensável à nossa sobrevivência.

O Amor desmascara as ilusões.

O Amor supera os sofrimentos.

O Amor que se dá nunca se perde.

O Amor é o Poder de Deus em nós.

Todo dia é dia de
renovar nosso destino.
Primordial,
contudo, é não crer
em dificuldades
intransponíveis
e nunca desanimar
do Bem.

Eis uma chave para o sucesso: saber sentir a hora exata de realizar as coisas. Diante disso, torna-se indispensável orar, orar e orar, para agir, agir e agir corretamente.

CHAVE DO

Afaste de si a ociosidade. Falta de ocupação é origem de muitos males e doenças.

É oportuno recordar uma antiga sentença do povo, que diz: "Cérebro desocupado é oficina do diabo". *No entanto, é sempre bom ver com que se anda preenchendo a memória.*
A mente não é lata de lixo.

SUCESSO

SUPERAR OS DESAFIOS

TODOS NÓS, SERES HUMANOS E ESPIRITUAIS*, SOMOS, A CADA DIA, CONVOCADOS ÀS CONTAS PELA MESTRA DOR PARA O ENTENDIMENTO DAS REALIDADES MAIS PROFUNDAS, DE FORMA QUE POSSAMOS SUPORTAR E SUPERAR OS DESAFIOS DA EXISTÊNCIA.

Nota de Paiva Netto

* **Seres humanos e espirituais** — Quando falo ou escrevo, não descarto a possibilidade de vida **atuante** em outras dimensões. O Mundo Espiritual não é uma abstração. Os mortos não morrem.

Ninguém está só

Na felicidade ou na dor,
o ser humano jamais
está sozinho.
Sabendo ou não sabendo,
crendo ou não crendo,
tem Deus por si.
No deserto ou nos vergéis,
na montanha ou nos vales,
na cidade ou nos campos,
se, reverente, contemplar
o Alto, verá a multidão de
estrelas, carregando em
seu bojo bilhões de bilhões
de vidas.

O BOM SENSO
LEVA-NOS A CONCLUIR
QUE HÁ MUITO MAIS
COISAS ALÉM DO QUE
AS PODEROSAS LENTES
DO HUBBLE* POSSAM
DESVELAR.

---

* **Hubble, Edwin Powell** (1889-1953) — Astrofísico norte-americano. Deu nome ao telescópio que está em órbita ao redor da Terra desde 25 de abril de 1990.

Há várias expressões de existência, as quais não se resumem apenas àquilo que vemos ou sentimos.

... para nos devolver o equilíbrio de Alma...

DEUS PERMITE A DOR,
NÃO PARA A NOSSA
RUÍNA, PORÉM COMO
REMÉDIO EFICAZ PARA
OS MALES QUE NÓS
PRÓPRIOS, MUITAS
VEZES, CONSTRUÍMOS.
ELA EXISTE PARA
NOS DEVOLVER
O EQUILÍBRIO DE
ALMA, COMO A FEBRE
É A REAÇÃO DO
ORGANISMO À INVASÃO
DA DOENÇA.

A DOR É

PODEROSA

LOCOMOTIVA

QUE PUXA

OS VAGÕES DA

VIDA NO RUMO

DE DEUS.

Hoje poderíamos dizer **foguete**
em vez de locomotiva,
mas como ficariam os vagões?

Só o Bem justifica a existência humana. Nada de duradouro se constrói afastado do bom senso, que, em profundidade, também significa Amor.

Quebrar as algemas

Problemas são para ser enfrentados e vencidos. Estamos neste planeta para isso, nunca para ser derrotados por eles. Sobrepujando as mais duras contingências, quando elas aparecem, estaremos nos libertando das algemas que nos querem aprisionar à dor. Quem nos pôs essas algemas?! Geralmente nós mesmos, ao aceitarmos o jugo da cegueira de Espírito, a qual devemos suplantar.

Quando finalmente nos integramos na Fraternidade, encontramos Deus. Não me refiro ao antropomórfico, criado à imagem e semelhança do ser humano falível. E aí não mais nos confrange a ansiedade de negar ou provar a Sua existência. Simplesmente, Ele é haurido por nosso Espírito, à maneira do ar, o qual ainda nos permite viver e sobreviver dignamente. O júbilo da Vida é o que lha ofertamos.

Medida extremada de salvação

A dor é um esforço de Deus para que conquistemos a fortaleza espiritual que existe dentro de nós. É uma espécie de medida extremada de salvação, quando o Amor não consegue tal milagre.

Enquanto o ser humano não souber realmente amar, a ação da Justiça Divina é indispensável.

No Tribunal Celeste, vigora o Amor, mas não existe impunidade.

VIVER REVOLTADO CONTRA A DOR NÃO É O MELHOR REMÉDIO. O MAIS ACERTADO É VIVENCIAR OS GRANDES ENSINAMENTOS QUE ELA NOS PROPICIA. É UMA BOA MANEIRA DE SOBREPUJÁ-LA.

Quando entramos na
Frequência Divina,
o nosso coração palpita de Paz.

MAIS DEPRESSA NOS ELEVA O AMOR À ESSÊNCIA DIVINA DO QUE A SIMPLES INVESTIGAÇÃO DA INTELIGÊNCIA HUMANA, NESSE CAMPO TANTAS VEZES TARDÍGRADA.

Bem a propósito, esta meditação do cientista *Sir* **Robert Winston**, professor do Imperial College da Universidade de Londres: *"A Ciência não está equipada para confinar Deus em um tubo de ensaio"*.*

* Segundo o *site* Jornal da Ciência, de 6 de novembro de 2002, Robert Winston, como professor de Estudos de Fertilidade do Imperial College da Universidade de Londres, foi um pioneiro em trabalhos de medicina reprodutora e fertilização *in vitro*. É uma das principais vozes no debate sobre engenharia genética e agora está concentrado em levar os progressos científicos a séries de televisão, voltadas para os leigos no assunto. Além de especialista em fertilidade, Winston é escritor, locutor, *Sir* e lorde britânico.

A DOR DEVE SER
CORAJOSAMENTE
ENCARADA. SE DELA
TENTARMOS FUGIR PELO
ATALHO DO
FAZ DE CONTA,
PERDEREMOS
O CARÁTER SUBLIME DE
SEUS ENSINAMENTOS.

Não adianta sofrer
sem aprender a lição.
É burrice.

A MAIS PODEROSA ARMA

O Amor Divino
é a mais poderosa
das armas.
No entanto, sua
função não é
a de aniquilar
ninguém. Apenas
faz sair o que existe
de equivocado,
portanto,
frustrante,
de dentro das
criaturas.

A ALMA NÃO ESTÁ
SOMENTE ONDE VIVE,
MAS TAMBÉM
ONDE AMA. PARA
O CORAÇÃO, NÃO
EXISTEM DISTÂNCIAS
INTRANSPONÍVEIS.

Preocupação com o bem-estar

Sendo Deus Amor, Sua competência se transfere ao mundo por intermédio daqueles que realmente amam (incluídos os agnósticos e os ateus), quando se preocupam com o bem-estar de todas as criaturas.

Quem quiser diminuir a sua dor ajude os que sofrem.

Quem não é ousado no Bem é usado pelo mal.

Se Você quer ser feliz,
procure trilhar
o caminho do
Amor Fraterno.
Felicidade exercita-se
pela prática
das Boas Obras.

Tesouro a ser multiplicado

Jamais façamos coisa alguma esperando retribuição. O Bem não é um negócio. No entanto, é um grande tesouro a ser multiplicado em prol da comunidade planetária. O ser humano constitui o Capital de Deus*. Como ensina o **Profeta Muhammad** (570-632) — Que a Paz e as bênçãos de Deus estejam sobre ele: *"A misericórdia é a riqueza dos crentes"***.

* ***O Capital de Deus*** – Título de um dos livros de Paiva Netto.

** **"A misericórdia é a riqueza dos crentes"** – Este pensamento do Profeta Muhammad se encontra publicado no livro *Duailibi das Citações*, Editora Mandarim.

Quer ser um
verdadeiro mago?
Então saiba que não
há maior encantamento
do que a prática do Bem.

ASSIM COMO PRECISAMOS
DE ALIMENTO PARA
O CORPO,
NECESSITAMOS
DE AMOR
PARA A BOA SAÚDE
DA ALMA.

O coração é a porta de Deus em nós!

Quem dá excessiva atenção às opiniões dos outros pode virar escravo dos interesses alheios. É melhor ter como bússola a Justiça e o Amor Divinos.

Sorte e azar
são ilusões.
Nós é que
construímos
o nosso
destino.
Por isso,
cultivemos
bons
pensamentos,
o primeiro
passo para
torná-los
realidade.

SÓ CONVENCE
QUEM ESTÁ
CONVENCIDO.

QUEM VIVE
RECLAMANDO
DE TUDO PODE PERDER
O ESPÍRITO
DE INICIATIVA.

Fé Realizante

A prece é o fertilizante da Alma. Por isso, devemos orar para ser pródigos em realizações espirituais, sociais e humanas. Fé ociosa é crime. Assim sendo, pregamos na Religião de Deus, do Cristo e do Espírito Santo* a Fé Realizante, que une **Espiritualidade** e ação **espiritualizada**.

Nota de Paiva Netto

* **Religião de Deus, do Cristo e do Espírito Santo; Religião do Terceiro Milênio ou Religião do Amor Universal** — Não surgiu para conflitar com as outras. Sua contribuição aos esforços pela Paz é demonstrar que o Amor é o mais competente instrumental da Justiça Divina, para dar um basta aos desentendimentos na Terra. Foi proclamada na cidade de Maringá, Estado do Paraná, Brasil, em 7 de outubro de 1973, pelo jornalista, radialista, poeta e escritor **Alziro Zarur** (1914-1979).

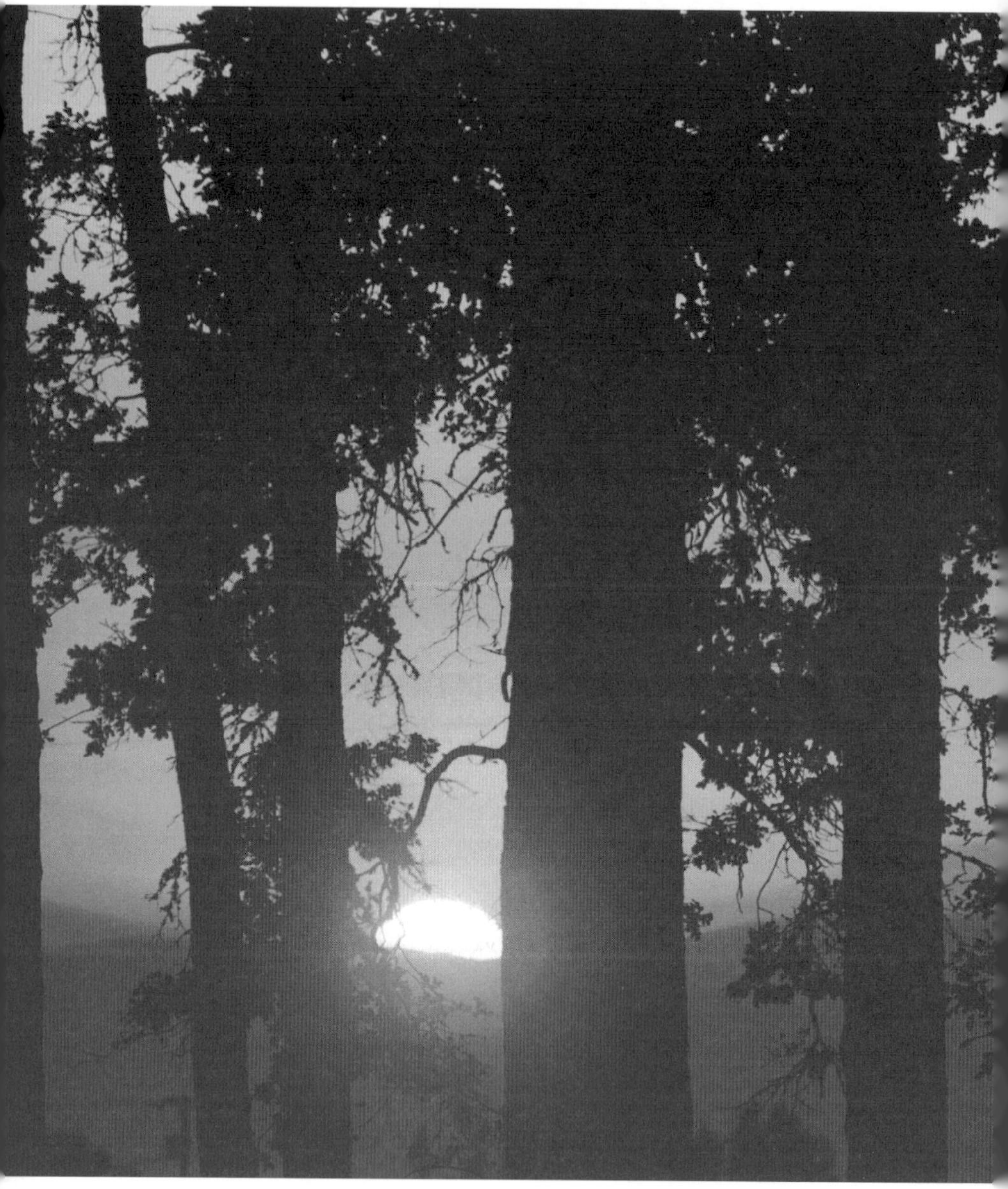

DEUS NOS

JULGA PELO

QUE FAZEMOS

OU DEIXAMOS

DE FAZER,

JAMAIS PELO

QUE DIZEM

DE NÓS.

ELE NÃO É

CABEÇA-TONTA.

Deus tem muitos sinônimos

Tudo que do Amor Divino nasce é verdadeiramente sublime. De certo, firmado nessa realidade, o dramaturgo e poeta francês ***Victor Hugo*** *(1802-1885) ensinava que "o Espírito se enriquece com aquilo que recebe, e o coração, com o que dá".*

Sem o Amor, que é Deus, o ser humano vive desgovernado, longe da Verdade, que é a Palavra Dele*.

* **A Palavra de Deus** – Evangelho de Jesus, segundo João, 17:17: "*Pai, Tua Palavra é a Verdade*".

Se Você não crê na existência do Pai Celestial, não se sinta excluído pela minha afirmativa. Pense, então, em bom senso, porque quem não o exercita também vive em desgoverno. Deus tem muitos sinônimos, tais como Amor, Fraternidade, Solidariedade, Compaixão, Clemência, Generosidade, Misericórdia, Altruísmo e tudo o mais que valoriza a criatura humana, conduzindo-a à Paz consigo mesma, extensivamente aos demais.

Por consequência, o Criador não apoia manifestações de ódio em Seu Santo Nome. Muito apreciada, portanto, esta admoestação de **Martinho Lutero** (1483-1546):

— *Não desejo que as pessoas lutem em favor do Evangelho pela força e pelo morticínio. O mundo tem de ser conquistado com a palavra de Deus.*

A que Deus se refere o Reformador? Certamente que não ao antropomórfico, criado à imagem e semelhança do homem, mas a respeito Daquele, definido por **João Evangelista**, na sua Primeira Epístola, 4:16:

— *E nós conhecemos e cremos no Amor que Deus tem por nós.* ***Deus é Amor.*** *E aquele que permanece no Amor permanece em Deus, e Deus, nele.*

E tamanha é a compreensão que Lutero tinha de Deus que o versículo de sua preferência na Bíblia fala por si mesmo, a *"quem tem olhos de ver e ouvidos de ouvir"*:

— *De tal maneira amou Deus ao mundo, que lhe deu o Seu Filho Unigênito, de forma que todo aquele que Nele crê não pereça, mas tenha a Vida Eterna.* (Evangelho do Cristo, segundo João, 3:16)

O velho pregador germânico sabia que não há outro caminho, senão o do Amor, que é sinônimo de Caridade. Outro grande sábio da Humanidade, **Dante Alighieri** (1265-1321), em *A Divina Comédia*, escreveu:

— *O Amor é que move o Sol e outras estrelas.*

A VERDADE SEM
O AMOR NÃO É A
VERDADE,
O AMOR SEM A
VERDADE
NÃO É O AMOR.

O Divino Valor de cada um

Não é pelo poder ou pela
ausência dele, pela fortuna
ou pela pobreza, pela crença
ou pela etnia, pela beleza ou
pela idade, por ser militar
ou civil, de esquerda ou de
direita política, que valem
as pessoas. Mas pelo talento
de cada uma, pelo Bem que
habita o coração, brilha na
mente e se manifesta por
meio do Espírito
da criatura.

A Caridade pura não aceita o egoísmo

Quem se integra no verdadeiro espírito da Caridade não mais aceita o egoísmo.

Deus é quem nele habita. E este sentido de Fraternidade, Solidariedade, Generosidade, que é Deus, vive em todos e por todos os seus Irmãos em Humanidade. Disse o **Buda** (aprox. 556-486), o iluminado mentor que nasceu na Índia: *"O sofrimento é universal; a causa do sofrimento são os desejos egoístas; a cura do sofrimento está em libertar-se dos desejos; o modo de livrar-se dos desejos é através de uma perfeita disciplina mental*"*.

---

* *Pérolas literárias (contos e crônicas)*, de **Antonio F. Rodrigues**, publicado por Petit Editora.

Deus é Caridade. Em sua Primeira Epístola, 4:8 e 16, João Evangelista explica que *"Deus é Amor"*. Ora, Caridade é sinônimo de Amor. Todos precisam dele, o mundo necessita de Caridade. Eis a Estratégia Divina para a perfeita condução dos povos, quando os seres humanos alcançarem que Política plena é aquela que, cuidando do cidadão, infere que este, além de corpo, também possui Alma. Diante desse Ser completo, teremos uma nação integrada na Solidariedade Ecumênica, portanto Social, Altruística. Quando isso ocorrer, o sofrimento, incluído o psíquico, passará ao largo. Afinal, vivemos o terceiro milênio. Algo terá de mudar, nem que demore mil anos.

ERIGIR UM IMPÉRIO

A Caridade, na sua expressão mais profunda, deveria ser um dos principais estatutos da Política, porque não se restringe ao simples e louvável ato de dar um pão. É o sentimento que — iluminando a Alma do governante, do parlamentar e do magistrado — conduzirá o povo ao regime em que a Solidariedade é a base da Economia, entendida no seu mais amplo significado. Isso exige uma reestruturação da Cultura, por intermédio da Espiritualidade Ecumênica* e da Pedagogia do Afeto**, no meio popular e como disciplina acadêmica. (...) Estaríamos, assim, erigindo um Império de Boa Vontade neste planeta. Por que não? Porque o ceticismo exagerado de alguns e a ganância insaciável de outros não o permitem? Ora, a evolução do ser humano não pode ser detida. Ela vai por bem ou, infelizmente, por caminhos dolorosos. Mas vai.

Como ensinava Alziro Zarur, Boa Vontade não é boa intenção. Boa Vontade é a vontade boa, firme, decidida, que sabe o que quer, iluminada pela Verdade e pelo Amor. Nada tem a ver com boa intenção, com a qual, no dizer popular, "está calçado o inferno".

DE BOA VONTADE

---

* **Espiritualidade Ecumênica** — Leia mais sobre o assunto no capítulo "Apocalipse e Poder de Deus", do *best-seller As Profecias sem Mistério*, de Paiva Netto, e também "Quanto à Abrangência do Templo da Boa Vontade", publicada no segundo volume das *Diretrizes Espirituais da Religião de Deus, do Cristo e do Espírito Santo*, página 277.

** **Pedagogia do Afeto** — Em sua obra *É Urgente Reeducar!* (2010), Paiva Netto expõe sua vanguardeira proposta pedagógica, que apresenta um modelo novo de aprendizado, tendo por base a Espiritualidade Ecumênica, aliando Coração e Intelecto. Tal linha educacional possui fundamentalmente dois segmentos: a **Pedagogia do Afeto** e a **Pedagogia do Cidadão Ecumênico.** É aplicada com sucesso na rede de ensino e nos programas socioeducacionais desenvolvidos pela Legião da Boa Vontade (LBV). *"Fundamenta-se nos valores oriundos do Amor Fraterno, trazido à Terra por diversos luminares, destacadamente Jesus, o Cristo Ecumênico, o Divino Estadista"*, como ressalta o criador da proposta, o educador Paiva Netto. Na Pedagogia do Afeto, o enfoque é sobre as crianças de até os 10 anos de idade, unindo sentimento ao desenvolvimento cognitivo delas, para que carinho e afeto façam parte de todo o conhecimento e dos ambientes de sua vida, inclusive o escolar. O diretor-presidente da LBV costuma afirmar: *"A estabilidade do mundo começa no coração da criança"*. Na continuidade do processo de aprendizagem, a Pedagogia do Cidadão Ecumênico é direcionada à educação de adolescentes e adultos, dispondo o indivíduo a viver a Cidadania Ecumênica, firmada no exercício pleno da Solidariedade Planetária. Leia mais a respeito em *É Urgente Reeducar!*. Para adquirir a obra, ligue para 0300 10 07 940 ou, se preferir, acesse o *site* www.clubeculturadepaz.com.br.

ISSO NOS RENOVA SEMPRE...

NA ECONOMIA DA SOLIDARIEDADE ESPIRITUAL-HUMANA QUE, HÁ DÉCADAS, PROPOMOS, A MAIOR VOCAÇÃO DO SER ESCLARECIDO É SERVIR AO CRIADOR NO AMPARO DE SUAS CRIATURAS. PARA ILUSTRAR, PODERÍAMOS DIZER QUE, NO TRABALHO DE SOCORRO AOS NOSSOS SEMELHANTES, O MELHOR NÃO É O SUFICIENTE. TRATA-SE DO ECUMENISMO QUE SE COMOVE COM O SOFRIMENTO ALHEIO*, POTENTE FATOR PARA O PROGRESSO ÉTICO DA HUMANIDADE. PORTANTO, NÃO PERCAMOS OCASIÃO DE FAZER O BEM. ISSO NOS RENOVA SEMPRE.

---

* **O Ecumenismo que se comove com a dor** — Leia artigo de Paiva Netto "É urgente reeducar!", publicado na revista *Sociedade Solidária* (7ª edição), que foi traduzida em diversos idiomas e encaminhada à ONU, *High-Level Segment* 2005, realizado pelo Conselho Econômico e Social das Nações Unidas (Ecosoc). Além do papel de mobilizar a sociedade civil em torno dos oito Objetivos de Desenvolvimento do Milênio, a LBV é cofundadora do Comitê de Espiritualidade, Valores e Interesses Globais, na ONU.

Ninguém é inútil por ser um pequenino. Quando se fala em missão, geralmente se cogita de grandiosíssimos deveres, quase impraticáveis. Contudo, desempenhar bem uma tarefa é cumprir aquilo com que nos comprometemos, por menos expressivo que possa parecer. Quem varre um pátio com Amor, o faz com zelo, e está levando a termo a importante tarefa da limpeza. Não devemos aguardar ocupações mirabolantes para justificar nossa existência como seres proveitosos à sociedade. Extraordinário é o que estivermos realizando pelo próximo, por mínimo que seja. Criminosa é a indiferença.

Criminosa é...

Adversário da Criatividade

Não seja tão rotineiro(a).
Esse é um mal que pode corroer
seus ideais.
Trata-se de um grande
inimigo da evolução humana,
adversário
da criatividade.
É evidente que não me refiro,
por exemplo,
aos que vivem o extenuante,
e muitas vezes perigoso,
trabalho nos laboratórios da
Ciência. Lá, o que se aplica
é método.

Amor:
palavra
divina que
revive
e revigora,
sentimento
sublime
que resulta
em vitória.

É PRECISO FECUNDAR
A MENTE COM O
CORAÇÃO. APENAS
DESSA FORMA AS
TRANSFORMAÇÕES
SOCIAIS SERÃO
CONSUMADAS NO
BENEFÍCIO DE TODOS.
SONHO?! PODE SER
CUSTOSO, MAS QUE
TAL EXPERIMENTÁ-LO?

Lume inapagável

O sofrimento não abate a Alma do Ser integrado no Bem. Pelo contrário, ergue a criatura ao seio compassivo do seu Criador. E, nele,
mesmo estando na Terra, ela se aquece, pois encontra o lume inapagável da Caridade Celestial.
Razão por que, quem procura a morte para encontrar Deus comete grande e doloroso engano. A começar pelo fato de que Ele também se encontra dentro de cada um de nós.
Revelou Jesus: "*O Reino de Deus está dentro de vós*" (Evangelho do Cristo, segundo Lucas, 17:21).

O QUE ESCULPE A NOSSA ALMA SÃO AS AÇÕES QUE PRATICAMOS. SOMOS AQUILO QUE PENSAMOS, FALAMOS E FAZEMOS.

A PIOR TRAGÉDIA...

A IGNORÂNCIA DAS COISAS ESPIRITUAIS É A MAIOR TRAGÉDIA QUE PODE AFLIGIR A SOCIEDADE, QUE PRECISA SABER POR QUE NASCE, VIVE, SOFRE, SE ALEGRA, MORRE E RENASCE. PENSE BEM NISSO, E CAMINHOS LUMINOSOS SERÃO ABERTOS AO SEU JUÍZO PERQUIRIDOR.

Alziro Zarur costumava dizer que *"a pior desgraça humana é a ignorância das Leis Divinas"*.

QUANDO O SER HUMANO SE PURIFICA, TUDO MELHORA À SUA VOLTA.

Não basta
ter conhecimento.
É preciso saber
empregá-lo em benefício
dos povos. Uni-lo, pois, à
sabedoria. O altruísmo é chave
para a sobrevivência, como
sociedade, da criatura humana.

Rico, sábio
e afortunado
é aquele
que ama.
Traz em si
mesmo a cura
de seus males.

Aviso aos que gostam
de ficar em cima
do muro: cuidado!
É a posição ideal para
servir de alvo.

Abastecer a Alma

Quando se
sentir abatido,
eleve o seu coração
ao Alto,
a fim de melhor sintonizar
o Poder Superior.
Dessa forma, abastecerá a
Alma
para os embates
da Vida.
Pode ter certeza:
rezar funciona.

A VIOLÊNCIA

Muita gente
anda dizendo:
"A violência é tanta
que tenho mesmo de apelar
para Deus".
Já devia ter feito isso
há muito tempo, assim como
ter procurado agir mais
e melhor pela solução do
problema.

É TANTA...

Desentendimentos
revelam falhas
do coração.

Sentido verdadeiro de cidadania

As condições da Vida não podem ser determinadas apenas pelas exigências do corpo, mas principalmente pelas do Espírito, pois nele é que tem início o sentido verdadeiro de cidadania.

Nada fortalece
e tranquiliza
mais a Alma
do que a
certeza do
dever cumprido.
Essa é velha,
mas continua
atual.

Sem pedir licença aos poderosos...

Todos sofrem, desde a mais simples das criaturas à maior autoridade de um país. Portanto, sempre chega um momento em que procuram solução mais elevada para a própria dor. Afinal, os problemas pessoais afligem a Alma e atormentam, por exemplo, o campo das atividades sociais e políticas. E é então que oram, mesmo que não saibam como. Por conseguinte, se cultivarem a Humildade — que é também sinônimo de Deus — buscando o amadurecimento, poderão entrar em sintonia com seus Anjos Guardiães, que, no Mundo Superior, participam da Revolução Social dos Espíritos de Luz. Trata-se de um extraordinário acontecimento que a Humanidade ainda não percebeu de todo. O Plano Espiritual existe sem pedir licença aos poderosos da Terra*.

Zarur ensinava que *"o segredo do governo dos povos é unir a Humanidade da Terra à Humanidade do Céu"***.

O meio: Fé Realizante (que se opõe à ociosa) e Boas Obras. É como aliar **Paulo** e **Tiago**.

---

* Mais esclarecimentos no segundo volume das *Diretrizes Espirituais da Religião de Deus, do Cristo e do Espírito Santo* e no terceiro tomo de *O Brasil e o Apocalipse*, em "Quanto à Abrangência do TBV" (Templo da Boa Vontade).

** Leia o que Alziro Zarur deixou impresso na Chave 17 da Volta Triunfal do Cristo, publicada no *Livro de Deus*.

ESSENCIAL É QUE TODOS COMPREENDAMOS QUE A HUMILDADE É A CIÊNCIA DA CORAGEM.

Matemática do Bem

O Amor que se compartilha multiplica-se em quem o divide. Eis a Economia Ecumênica, portanto Solidária e Altruística, fórmula segundo a qual quanto mais se doa, mais se recebe. Eis o moto-contínuo a impulsionar a vida em comunidade.

As coisas de Deus são simples. Os seres humanos é que as complicam.

DEUS MANDA A
CHUVA, MAS COMPETE
AO LAVRADOR
CULTIVAR
A TERRA*.
FAÇAMOS, POIS,
A NOSSA PARTE, E
OS RESULTADOS
SURGIRÃO.

* **Emmanuel**, na psicografia de **Chico Xavier** (1910-2002), versa sobre o tema.

DEUS NÃO
TEM BIGODE
NEM BARBA. A
SUA FACE É O
AMOR.

Viver afastado
Dele é sofrer
a orfandade
da Alma.

JAMAIS CRUZE OS BRAÇOS
DIANTE DA ADVERSIDADE.
ESTEJA SEMPRE PRONTO
A RENASCER DAS CINZAS,
COMO VERDADEIRA
FÊNIX.
O SIMBOLISMO DA
AVE MITOLÓGICA FAZ
LEMBRAR A RENOVAÇÃO
ÍNTIMA, QUE TODOS
DEVEM VIVENCIAR NO
ALVORECER DE CADA DIA.

Os antigos ensinavam que a felicidade consiste em fazer o Bem e não esperar recompensa.

Esperar?! Só de Deus! As outras expectações podem trazer-nos resultados frustrantes.

FELIC

Na trilha da **iniciação espiritual**, para manter o coração tranquilo, é aconselhável não aguardar a gratidão dos outros. Contudo, onde ela se faz presente, frutifica o espírito solidário na comunidade.

I D A D E

Fora do nosso vocabulário a vil palavra desânimo*.

O horizonte de quem
tem Fé e confiança em
Deus não conhece limitações.

* Pensamento de Paiva Netto, aos 18 anos de idade, quando ainda estudava no famoso Colégio Pedro II, no Rio de Janeiro/RJ, do qual recebeu o título de Aluno Eminente.

A FÉ É UM ATRIBUTO DA INTELIGÊNCIA ILUMINADA...

A Fé é um atributo da inteligência iluminada, assim como a Oração o é da Alma. A união das duas, permeadas pela vigilância, isto é, o trabalho, eleva-nos à lucidez de espírito.

Eis por que, no campo das realizações humanas e sociais, é preciso que a Fé permaneça unida às Boas Obras, por ela divinamente inspiradas, para que possamos erigir uma sociedade em definitivo ecumênica, portanto solidária, altruística.

É o que ensina o Divino Mestre, quando nos manda amarmo-nos uns aos outros como Ele nos tem amado, única forma de podermos ser reconhecidos como Seus discípulos*.

Por isso, um bom político (mesmo sendo ateu, agnóstico ou adepto de outra venerável crença que não esteja relacionada como cristã) não deve furtar-se de estudar, pelo prisma do Amor Fraternal, o Evangelho do Cristo, que é um notável código de ética para o homem público.

---

* Evangelho de Jesus, segundo João, 13:34 e 35.

A Fé é a sabedoria
que vem de Deus;
as Boas Obras,
a sua prática.

A FELICIDADE TAMBÉM SE BASEIA NO FATO DE AJUDAR OS OUTROS A SE TORNAREM ESPIRITUALMENTE REALIZADOS, ATÉ MAIS QUE NÓS, DE PREFERÊNCIA. MUITAS VEZES, ELA NOS BATE À PORTA, CONVOCANDO-NOS À EXALTAÇÃO DE ALMA, E NÓS A EXPULSAMOS DO NOSSO MEIO.

NÃO COMETAMOS JAMAIS ESSE CRIME.

É MUITO MAIS INTELIGENTE MUDAR ESSE COMPORTAMENTO DESPREZÍVEL E CONVIDÁ-LA A RESIDIR CONOSCO, DENTRO DO CORAÇÃO.

RESPEITO AO NUME TUTELAR

Jamais rejeitemos os nossos Anjos Guardiães. Eles nos fazem o Bem por amar o Bem.

Não para serem vistos, porquanto vivem sem a preocupação de reconhecimento, de recompensa... Ainda são invisíveis aos olhos da maioria, mas permanecem fielmente ao lado dos seus pupilos. Não os façamos sofrer por nossa displicência. Falemos com eles, por intermédio da prece, e nossas Almas sairão fortalecidas.

Com o coração saudoso, recordo uma oração católica que minha mãe, **Idalina Cecília** (1913-1994), ensinou a mim e a **Lícia** (1942-2011), minha irmã querida, e que nós, quando crianças, de mãos postas, entoávamos, de joelhos, à beira da cama, antes de dormir:

Santo Anjo do Senhor

Santo Anjo do Senhor,
meu zeloso guardador,
já que a ti me confiou
a piedade divina,
sempre me rege, guarda,
governa e ilumina.
Amém!

LONGE DA FRUSTRAÇÃO

AINDA QUANTO AOS NOSSOS ANJOS GUARDIÃES, BEM-AVENTURADO O DIA EM QUE, NA TERRA, SEJAMOS TODOS SEMELHANTES A ELES, QUE CONFIAM NA GRATIDÃO DE JESUS, O DIVINO RESSUSCITADO, E QUE, PELO SEU EXEMPLO DE BOA VONTADE, SE REALIZAM PARA TODO O SEMPRE, LONGE DA FRUSTRAÇÃO QUE ATÉ HOJE MARTIRIZA TANTA GENTE NESTE MUNDO.

Amor
que espera
recompensa
não é
Amor, mas
reles
negociata.

Melhor Idade

Não acredito na
velhice como
sinônimo
de derrota.
Velho é aquele
que desanimou,
perdeu o Ideal.
Sejamos
sempre jovens,
em qualquer
idade.

Quem não valoriza os idosos*
despreza o seu próprio futuro.
Como diz o povo, não perde por esperar.
Hoje se vive muito mais. É possível chegar aos 70, 80, 90, 100 anos. Por isso, jovem, se ainda não o faz, já é hora de agir como um verdadeiro cidadão ecumênico, portanto solidário e altruísta.
Enquanto resta tempo...

---

* Na Legião da Boa Vontade, criamos os Grupos de Convivência da Melhor Idade, desenvolvidos como um espaço destinado a realizações que possibilitem a melhoria da qualidade de vida de seus participantes. Visam também promover a integração entre as diversas gerações, proporcionando uma existência digna e saudável.

O SER HUMANO
SÓ ENVELHECE
QUANDO DEIXA
DE AMAR.
A IDADE QUE TEMOS É
A DO NOSSO
CORAÇÃO, MESMO SE
O CORPO ESTIVER
COMBALIDO.

DEUS NÃO ENVELHECEU...

CURIOSO...
DEUS NÃO ENVELHECEU
ATÉ HOJE. O AMOR É
SUA FONTE DE ETERNA
JUVENTUDE, QUE **PONCE DE LÉON***
JAMAIS DESCOBRIU.

* **Ponce de Léon** (1460?–1521) – Navegador e explorador espanhol que se embrenhou nas selvas das Américas em busca da fonte da juventude. Acreditava que ela existia em uma ilha a noroeste de Cuba. Não a encontrou, voltando, então, para Porto Rico. Teve uma vida mais curta do que a maioria dos seus contemporâneos. Foi ferido quando tentava colonizar as Bahamas e a Flórida. Levado para Cuba, lá morreu, sem ter alcançado o seu tão sonhado objetivo.

GRAVADO NO PORTAL DO TEMPLO
DE APOLO,
EM DELFOS, GRÉCIA,
PODIA-SE LER:
— (HOMEM,) CONHECE-TE
A TI MESMO.

Certíssimo, porque assim começa o caminho do esclarecimento espiritual e intelectual.

CONSTRUINDO A LIBERDADE

A melhor tecnologia a ser desenvolvida, nestes tempos de globalização desenfreada, é a do conhecimento de nós mesmos, como criaturas de um Deus que é Caridade. É superior à própria internet, pois tem o poder de impedir que o ser humano (informatizado ou não) caia de vez no sofrimento e desabe na barbárie mais completa. Bum!!

Sem o sentido de Fraternidade, acabaríamos com o planeta, com nossos cérebros brilhantes e corações opacos.

Ao nosso concurso, esta contundente assertiva do ilustre Espírito Dr. Bezerra de Menezes*:

— *O vazio promove o vazio. Mas o conteúdo constrói a liberdade, principalmente se ele tiver como respaldo as bases do Espírito, que se fundamentam na Vida Eterna.*

---

* Este pensamento do Dr. Bezerra de Menezes está publicado em seu livro *Reflexões sobre Jesus e Suas Leis*, Editora Elevação. O respeitado médico é personalidade ímpar na história da monarquia e do início da República no Brasil. Foi abolicionista inflamado, além de Presidente da Câmara Municipal da Corte (Rio de Janeiro), cargo que corresponde ao de prefeito nos dias atuais.

Se é para vencer o sofrimento,
avancemos em todas as direções,
mobilizando desde os simples aos elementos
de cúpula. A dor dos desvalidos pode tirar a Terra
de órbita, com todo mundo em seu bojo, dos
plebeus aos reis coroados.

A GENTE RECEBE O PRÊMIO
NO LUGAR EM QUE SE ESFORÇA.
NENHUM TRABALHO É PERDIDO,
NEM AQUI NEM LÁ NA ROÇA.

Ensinava Alziro Zarur:

— *O suicídio não resolve as angústias de ninguém.*

Estava com plena razão o autor de *Poemas da Era Atômica*. Matar-se abala, por largo tempo, a existência do Espírito, pois ofende a Lei Divina, que é Amor, mas também Justiça. Quando a dor apertar, por favor, lembre-se desta página de **André Luiz**, na psicografia do venerando **Francisco Cândido Xavier*** (1910-2002):

* **Francisco Cândido Xavier** — Famoso médium mineiro. Nascido em Pedro Leopoldo/MG, em 2 de abril de 1910, faleceu em Uberaba, no mesmo Estado brasileiro, em 30 de junho de 2002.

MAIS UM POUCO

(Extraído da *Antologia da Boa Vontade*, 1955.)

Quando estiveres à beira da explosão na cólera, cala-te mais um pouco e o silêncio te poupará enormes desgostos.

Quando fores tentado a colaborar na maledicência, guarda os princípios do respeito e da fraternidade mais um pouco e a benevolência te livrará de muitas complicações.

Quando o desânimo impuser a paralisação de tuas forças na tarefa a que foste chamado, prossegue agindo no dever que te cabe, exercitando a resistência mais um pouco e a obra realizada ser-te-á gloriosa bênção de luz.

Quando a revolta espicaçar-te o coração, usa a humildade e o bom entendimento mais um pouco e não sofrerás o remorso de haver ferido corações que devemos proteger e considerar.

Quando a lição oferecer dificuldade à tua mente,

compelindo-te à desistência do progresso individual, aplica-te ao problema ou ao ensinamento mais um pouco e a solução será divina resposta à tua expectativa.

Quando a ideia de repouso sugerir o adiamento da obra que te cabe fazer, persiste com a disciplina mais um pouco e o dever bem cumprido ser-te-á coroa santificante.

Quando o trabalho te parecer monótono e inexpressivo, guarda fidelidade aos compromissos assumidos mais um pouco e o estímulo voltará ao teu campo de ação.

Quando a enfermidade do corpo trouxer pensamentos de inatividade, procurando imobilizar-te os braços e o coração, persevera com Jesus mais um pouco e prossegue ajudando a todos, agindo e servindo como puderes, porque o Divino Médico jamais nos recebe as rogativas em vão.

Em qualquer dificuldade ou impedimento, não te esqueças de usar um pouco de paciência, amor, renunciação e Boa Vontade, a favor de teu próprio bem-estar.

O segredo da vitória, em todos os setores da vida, permanece na arte de aprender, imaginar, esperar e fazer mais um pouco.

— Tende coragem, e Ele fortalecerá o coração...

Respeitar a própria Vida

O Salmo 31:24 da Bíblia Sagrada adverte fraternalmente:

– *Tende coragem, e Ele fortalecerá o coração de todos vós que esperais no Senhor.*

O rabino **Henry Sobel** pondera:

– *Não somos donos da Vida, mas apenas os guardiões dela.*

Honremos, pois, o extraordinário dom que Deus nos concedeu, que é a Vida, e Ele sempre virá em nosso socorro pelos mais inimagináveis e eficientes processos. Substancial é que saibamos humildemente entender os Seus recados e os apliquemos com a Boa Vontade e a eficácia que Ele espera de nós. A permanente sintonia com o Poder Divino só nos pode adestrar o Espírito, para que tenha condições de sobreviver à dor, mesmo que em plena conflagração dos destemperos humanos.

Do livro *Billy Graham responde**, emerge esta elucidação do respeitado pastor norte-americano:

— *A vida nos foi concedida por Deus e só Ele tem o direito de tirá-la. Além disso, até mesmo no meio das circunstâncias mais difíceis, Deus está conosco. (...) Devo enfatizar o fato de o suicídio ser um erro, não fazendo parte do plano de Deus.*

Na Quarta Surata do Alcorão Sagrado, encontramos este conforto numa admoestação do Profeta Muhammad — Que a Paz e as bênçãos de Deus estejam sobre ele:

29. Ó crentes, não defraudeis reciprocamente os vossos bens por vaidade, realizai comércio de mútuo consentimento e não pratiqueis suicídio, porque Deus é misericordioso para convosco.

Santa Teresa d'Ávila (1515-1582), a grande mística da Espanha, incentiva-nos à perseverança:

* O livro *Billy Graham responde* foi traduzido por **Oswaldo Ramos** e publicado pela Editora Vida.

Que nada te perturbe, nada te amedronte.
Tudo passa. Só Deus nunca muda.
A paciência tudo alcança. A quem tem Deus, nada falta.
Só Deus basta.

A continuação da existência após a morte jamais poderá ser justificativa para o suicídio. Todos continuamos vivos.

Acertadamente escreveu **Napoleão Bonaparte** (1769-1821), quando lamentou essa inditosa escolha, que infelicita o Espírito de quem se deixa seduzir por ela, porque a chegada ao Outro Mundo daquele que destrói o seu próprio corpo é um grande tormento, porquanto não há morte após a morte:

— *Tão corajoso é aquele que sofre valentemente as dores da Alma como o que se mantém firme diante da metralha de uma bateria. Entregar-se à dor sem resistir, matar-se e eximir-se à mesma dor é abandonar o campo de batalha antes de ter vencido.*

Apesar de Napoleão I ter pensado em suicídio durante sua atribulada carreira militar e política, não o praticou. Daí a importância do seu pensamento.

Confiantes, sigamos o caminho apontado pelo Senhor no livro do Pentateuco Mosaico, Deuteronômio, 30:19:

— *Como podes ver, coloquei hoje diante de ti a Vida e o Bem, a morte e o mal... portanto, escolhe a Vida, para que vivas tu e a tua semente.*

Meus Amigos e Irmãos em Humanidade, a grande fortuna é sabermos que

Viver é melhor!

ÍNDICE DE NOMES

BIOGRAFIA

José de Paiva Netto, escritor, jornalista, radialista, compositor e poeta, nasceu em 2 de março de 1941, no Rio de Janeiro/RJ, Brasil. É diretor-presidente da Legião da Boa Vontade (LBV). Membro efetivo da Associação Brasileira de Imprensa (ABI) e da Associação Brasileira de Imprensa Internacional (ABI-Inter), é filiado à Federação Nacional dos Jornalistas (Fenaj), à International Federation of Journalists (IFJ), ao Sindicato dos Jornalistas Profissionais do Estado do Rio de Janeiro, ao Sindicato dos Escritores do Rio de Janeiro, ao Sindicato dos Radialistas do Rio de Janeiro e à União Brasileira de Compositores (UBC). Integra também a Academia de Letras do Brasil Central.

Entre as inúmeras homenagens recebidas, foi agraciado com a Medalha do 1º Centenário da Academia Brasileira de Letras (ABL), nomeado Comendador da Ordem do Rio Branco, pelo Ministério das Relações Exteriores, e condecorado com o Grau de Comendador, pelo Conselho da Ordem do Mérito Aeronáutico, e com a Medalha do Pacificador, pelo Ministério do Exército brasileiro.

Filho primogênito de **Idalina Cecília** (1913-1994) e **Bruno Simões de Paiva** (1911-2000) — que tiveram como padrinho de casamento **Dorival Caymmi** (1914-2008) — e irmão de **Lícia Margarida** (1942-2010). Teve a infância e a juventude marcadas por uma preocupação incomum com temas espirituais, filosóficos, educativos, sociais, políticos, científicos e econômicos, além de um profundo senso de auxílio aos necessitados.

Estudou no tradicional Colégio Pedro II, na capital fluminense, do qual recebeu o título de Aluno Eminente, sendo homenageado com placa de bronze na sede desse conceituado colégio-padrão. Em 1956, ainda adolescente, iniciou sua jornada vitoriosa ao lado do saudoso fundador da Legião da Boa Vontade, o jornalista, radialista, escritor, poeta e pensador brasileiro **Alziro Zarur** (1914-1979). Foi um dos principais assessores dele durante quase um quarto de século. Para se dedicar totalmente à LBV, abandonou a vocação para a medicina. Mais tarde, tornou-se secretário-geral (cargo equivalente ao de vice-presidente) da Instituição e, com o falecimento de Zarur, sucedeu-o.

Compositor e produtor musical, foi aluno do professor **Homero Dornelas** (1901-1990), assessor do notável **Villa-Lobos** (1887-1959). Elaborou a "Marcha dos Soldadinhos de Deus", interpretada pela primeira vez em 21 de abril de 1960, por meninos amparados pelo Instituto São Judas Tadeu, no Rio, onde colaborava como voluntário. A apresentação foi uma homenagem a Brasília/DF, que o então presidente da República **Juscelino Kubitschek** (1902-1976) inaugurava naquela data.

À frente da Legião da Boa Vontade desde 1979, multiplicou as ações desta nas áreas da educação e da promoção humana e social por meio das unidades de atendimento da Instituição, as quais abrangem escolas-modelo de educação básica, lares para idosos e centros comunitários de assistência social. Tais espaços servem para projetos ainda maiores, a que Paiva Netto se tem dedicado há bastante tempo: a Educação com Espiritualidade Ecumênica, consubstanciada em uma vanguardeira linha pedagógica, que propõe um modelo novo de aprendizado, o qual alia cérebro e coração. Essa proposta educacional, composta da Pedagogia do Afeto e da Pedagogia do Cidadão Ecumênico, é aplicada com sucesso na rede de ensino da LBV e nos programas socioeducacionais desenvolvidos por ela.

Os ideais da Boa Vontade não têm fronteiras e empolgam diversas nações. Atualmente, as iniciativas solidárias expandem-se para a LBV da Argentina, do Paraguai, do Uruguai, da Bolívia, de Portugal e dos Estados Unidos, além de muitas outras regiões do mundo, sendo mantidas por meio de donativos de cada população local.

Por causa da ampla abrangência de seus programas e de suas ações e da excelência no trabalho realizado, a Legião da Boa Vontade conquistou o reconhecimento da Organização das Nações Unidas (ONU), com a qual tem atuado em parceria há mais de vinte anos. Em 1994, a LBV tornou-se a primeira entidade do terceiro setor do Brasil a associar-se ao Departamento de Informação

Pública (DPI) desse organismo internacional e, em 1999, foi a primeira instituição da sociedade civil brasileira a obter o *status* consultivo geral (grau máximo) no Conselho Econômico e Social (Ecosoc/ONU). Em 2000, passou a integrar a Conferência das ONGs com Relações Consultivas para as Nações Unidas (Congo), com sede em Viena, na Áustria, e, em 2004, foi cofundadora do Comitê de ONGs sobre Espiritualidade, Valores e Interesses Globais nas Nações Unidas.

Além de mobilizar a sociedade civil em torno dos oito Objetivos de Desenvolvimento do Milênio (ODM), a LBV tem participado ativamente das principais reuniões do Ecosoc, contribuindo com importantes documentos e publicações, editados em diversos idiomas e entregues a chefes de Estado, conselheiros ministeriais e representantes da sociedade civil. Dentre esses materiais destacam-se as revistas *Sociedade Solidária, Paz para o Milênio* e *Globalização do Amor Fraterno*. Esta última, encaminhada para a reunião do *High-Level Segment*, em 2007, realizada no Palais des Nations, escritório central da ONU em Genebra, na Suíça —, foi recebida com muito entusiasmo pelo secretário-geral das Nações Unidas, **Ban Ki-moon**, quando da visita deste ao estande da LBV no evento. Ele referendou seu apoio à LBV ao assinar a capa da revista e ratificou seus votos de muito sucesso para a Legião da Boa Vontade.

Em 21 de outubro de 1989, Paiva Netto fundou, em Brasília/DF, o Templo da Boa Vontade (TBV), com a presença de mais de 50 mil pessoas. O Templo da Paz é o polo do Ecumenismo Divino, que proclama o contato socioespiritual entre a criatura e o Criador. Aclamado pelo povo uma das Sete Maravilhas do Distrito Federal, o TBV é o monumento mais visitado da capital brasileira, conforme dados oficiais da Secretaria de Estado de Turismo do Distrito Federal (Setur-DF), e, desde que foi inaugurado, recebe anualmente mais de um milhão de peregrinos.

Paiva Netto criou, para propagar a Cidadania Espiritual (conceito preconizado por ele), a Super Rede Boa Vontade de Comunicação (rádio, TV, internet e publicações).

É escritor de referência internacional, e autor de vários *best-sellers*. Com seus livros, Paiva Netto alcançou a expressiva marca de mais de 6,5 milhões de cópias vendidas. Também tem artigos publicados em importantes jornais e revistas do Brasil e do exterior, por exemplo: *Diário de Notícias, Jornal de Coimbra, Correio da Manhã, Jornal de Notícias, O Primeiro de Janeiro, Notícias de Gaia, Voz do Rio Tinto, Jornal da Maia* e *O Público* (Portugal); *Time South, Jeune Afrique* e *African News* (África); *Daily Post* (circulação internacional); *Clarín* (Argentina); *Jornada* (Bolívia); *El Diário Notícias* e *ABC Color* (Paraguai); *El Pais* (Uruguai); e para a *International Business and Management* (China) e *Deutsche Zeitung* (Alemanha).

Sobre seu estilo literário, o escritor norte-americano **Errol Lincoln Uys** observou: *"Paiva Netto, sendo um homem prático, não deixa de ter alma de poeta"*. Segundo a definição do eminente professor, jurisconsulto e tratadista **José Cretella Júnior** (1920-2015), *"é um* *exímio estilista, sempre em dia com as novas"*. **Valdir Andres**, jornalista, advogado, fundador do periódico *A Tribuna Regional*, de Santo Ângelo/RS, e atual prefeito dessa cidade, assim declarou: *"É uma honra imensa abrigar os conceitos, as opiniões, a pena brilhante do professor Paiva Netto em nosso jornal"*. Na opinião do mestre de professores **Moacir Costa Lopes** (1927-2010), *"é um escritor de muito talento"*.

André Fernandes

Templo da Boa Vontade é aclamado pelo povo uma das Sete Maravilhas de Brasília/DF

Aclamado pelo povo uma das Sete Maravilhas de Brasília/DF, Brasil, o Templo da Boa Vontade (TBV), símbolo maior do Ecumenismo Divino, é o monumento mais visitado da capital federal, segundo dados oficiais da Secretaria de Estado de Turismo do Distrito Federal (Setur-DF). Desde que foi fundado por Paiva Netto, em 21/10/1989, já recebeu mais de 27 milhões de peregrinos. Na foto, da esquerda para a direita, o Parlamento Mundial da Fraternidade Ecumênica, o ParlaMundi da LBV, a sede administrativa e o TBV. Visite: Quadra 915, lotes 75/76. Informações: (61) 3114-1070/www.tbv.com.br (disponível em alemão, árabe, chinês, espanhol, esperanto, francês, inglês, italiano e português).

Repercussão de lançamento

O livro *Como Vencer o Sofrimento*, destaque do mercado editorial brasileiro, foi o grande lançamento de 2002 da Editora Elevação.

Durante a 17ª Bienal Internacional do Livro de São Paulo, seu estande foi visitado por várias personalidades ligadas ao mercado literário. O representante comercial e livreiro, sr. **Dárcio Sapupo**, elogiou o trabalho do escritor Paiva Netto dizendo: *"Ele é uma pessoa muito bem-conceituada. O trabalho que ele faz é muito respeitado"*.

A perspectiva de venda dos livros da Editora Elevação foi ressaltada pelo gerente de vendas da Livraria Siciliano, sr. **Jeferson Gama**. *"Os livros* Como Vencer o Sofrimento *e* As Profecias sem Mistério *estão sendo muito procurados. É um autor consagrado, a expectativa é grande, por isso já estamos com ele na nossa lista de novidades e esperamos vender muito aqui no nosso estande"*.

COMO VENCER O SOFRIMENTO, DO ESCRITOR PAIVA NETTO, É LIVRO DE CABECEIRA DE JOGADOR DO FLAMENGO.

"**Leitura vira mania graças a Oswaldo**" é o título da matéria publicada no ***Jornal dos Sports***, em 7/9/2003, na qual os jornalistas **Leandro Menezes** e **Luciana Dantas** relatam como o então técnico de futebol do Clube de Regatas do Flamengo, **Oswaldo de Oliveira**, além de cuidar da equipe na área do esporte, tem influenciado, de forma positiva, os jogadores, transmitindo-lhes o hábito da boa leitura.

Entre eles está o lateral-esquerdo **Anderson**, que, segundo a reportagem, *"está terminando de ler* Como Vencer o Sofrimento*, de Paiva Netto*". Por sinal, o jogador aparece em foto de destaque, lendo a obra do dirigente da Legião da Boa Vontade, com a legenda: "*BOM HÁBITO: Depois dos treinos, o lateral Anderson exercita também a cabeça com a leitura".*

Em outro título, ressalta ainda o periódico: *"Saiba o que cada um está lendo"*. Abaixo, encontra-se a seguinte dica: "Como Vencer o Sofrimento, *de Paiva Netto — Uma coletânea de reflexões e pensamentos para ajudar as pessoas a enfrentarem as suas dificuldades. Atualmente, é o livro de cabeceira do lateral-esquerdo".*

JORNAIS DE TODO O PAÍS PUBLICAM MATÉRIAS DIVULGANDO ***COMO VENCER O SOFRIMENTO,*** DE AUTORIA DE PAIVA NETTO.

No Rio de Janeiro, o jornal ***O Fluminense***, edição de 23 de julho de 2002, em seu 2º caderno, trouxe como manchete reportagem intitulada "Dádivas inesgotáveis". A matéria, escrita pelo jornalista **Roberto Santos**, tem ainda como subtítulo: *"Bem impresso e com belas ilustrações, 'Como Vencer o Sofrimento', de Paiva Netto, é poderoso guia de autoajuda".* A seguir, alguns trechos do que foi publicado:

"Como vencer esse inevitável sofrimento, esse substrato essencial no digladiar incessante entre o Bem e o mal? Caminhos para suportar e superar dores de inúmeros sofrimentos sempre foram a grande preocupação de Paiva Netto, autêntico pastor das almas, incansavelmente devotado à prática do Amor ao próximo. Injuriado e injustiçado, até mesmo recentemente, como homem de fé jamais se desviou do seu grande objetivo: servir a causas que diminuam e até extirpem sofrimentos humanos, ante misérias e desigualdades sociais na vida de tantos seres abandonados (...)

"Como Vencer o Sofrimento *não é só um livro, bem impresso e com belíssimas ilustrações. Além, muito além, é poderoso guia para horas difíceis do dia a dia (...)."*

Em Brasília/DF, no Dia Nacional do Livro, 29 de outubro de 2002, na edição de nº 388, o jornal ***Coletivo*** divulgou na página "Cultura para o povo" ampla matéria sobre o lançamento da obra do escritor Paiva Netto, assinada por **Kamila Rodrigues**. Ela destaca alguns trechos do livro, mostrando que são de grande importância para as pessoas que passam por momentos difíceis. Afirma a jornalista que muitos não conseguem superá-los sozinhos. E para confortar nessas horas, é muito bom ter um amigo que fale coisas positivas.

Kamila encerra a matéria com o seguinte trecho do prefácio, de autoria do escritor e conferencista **Cesar Romão**: "Como Vencer o Sofrimento *é um bálsamo produzido por um verdadeiro cientista da Alma, que tem dedicado sua vida ao crescimento espiritual das pessoas e à expansão do Bem.(...)"*

Em Porto Alegre/RS, o jornal ***Correio do Povo,*** na edição de 30 de novembro de 2002, destacou que a obra de Paiva Netto "*é uma coletânea de pensamentos e reflexões sobre como os momentos de dor podem servir como alavanca para a edificação da alma*".

O livro *Como Vencer o Sofrimento* foi destaque ainda em Vitória/ES, nas edições de 15 a 31 de maio de 2002 do jornal ***Espírito Santo Hoje***. Assim como foi notícia na cidade de Recife/PE, na edição de 23 de outubro de 2002, na ***Folha de Pernambuco***, que ressaltou: "Como Vencer o Sofrimento *mergulha fundo no problema da dor, ajudando as pessoas a se fortalecerem, a ponto de estarem preparadas para suportá-la e em condições de sublimá-la no benefício de seu Espírito e no de todos os seus semelhantes*".

O jornal que circula em toda a rede metroviária da capital paulista, ***Metrô News***, na edição de 13 de maio de 2002, colocou como destaque o livro de Paiva Netto e na edição de 13 de junho de 2002, com o título "Uma lição de Otimismo", na seção "Livros", ressalta a obra como excelente dica de leitura.

O destacado jornalista **Oswaldo Freire**, em sua coluna, escreve: "***Superação*** — *A Editora Elevação lançou a obra 'Como Vencer o Sofrimento', do escritor Paiva Netto, na 17ª Bienal Internacional do Livro, recentemente realizada em São Paulo. É uma coletânea de reflexões e pensamentos dedicada a pessoas para que reajam nos períodos cinzentos, como a mitológica Fênix, no rumo de uma existência nova e mais feliz. É necessária a superação para a edificação da alma*". A nota foi veiculada em diversos jornais do país, entre eles: ***Correio do Sul***, Varginha/MG; ***Bandeirante***, Pouso Alegre/MG; ***A Folha de Teresópolis***, Teresópolis/RJ;

Diário de Araguari, Araguari/MG; ***Folha de Irati***, Irati/PR; ***Jornal da Manhã***, São Paulo/SP; ***Jornal do Oeste***, Toledo/PR; ***Diário***, Tupã/SP; ***A Tribuna***, Sorocaba/SP; ***Diário Regional***, Ituiutaba/MG; ***Diário de Itabira***, Itabira/MG; ***O Grito***, Santa Luzia/MG; ***Bragança-Jornal***, Bragança Paulista/SP; ***O Nascente***, Joaçaba/SC; ***Gazetão***, Magé/RJ; ***Jornal de Itatiba***, Itatiba/SP; ***O Avaré***, Avaré/SP; ***Boca do Povo***, Sete Lagoas/MG; ***Gazeta Regional***, Caçapava/SP; ***Jornal de Socorro***, Socorro/SP; ***Comarca de Garça***, Garça/SP.

Correspondência para o autor:
Rua Sérgio Tomás, 740 — Bom Retiro
São Paulo/SP — CEP 01131-010
***E-mail*: paivanetto@lbv.org.br**

Conheça mais sobre o autor no *blog*
PaivaNetto.com

Escreva para a Editora Elevação
Av. Eng. Luiz Carlos Berrini, 1.748,
cj. 2.512 • CEP 04571-000
São Paulo/SP
Tel.: (11) 5505-2579
www.elevacao.com.br
sac@elevacao.com.br

CONHEÇA O TRABALHO DA LBV

www.lbv.org.br

BOA VONTADE TV

Internet: www.boavontade.com/tv

OI TV: Canal 212 • Net Brasil: Canal 196 • Claro TV: Canal 196

GERADORA EDUCATIVA DA FUNDAÇÃO JOSÉ DE PAIVA NETTO E AFILIADAS

Canal 45.1 Digital - São Paulo/SP

Canais 11E / 40D - São José dos Campos/SP

ANTENA PARABÓLICA - CANAL TERRA VIVA

Programa *O Poder da Fé Realizante*

De segunda a sexta-feira, das 7 às 7h30.

Frequência em banda C: 3.790 MHz • Frequência em banda L: 1.360 MHz • Polarização descida: Horizontal • Satélite: Brasilsat C-2 analógico

SUPER REDE BOA VONTADE DE RÁDIO

Internet: www.boavontade.com/radio

OI TV: Canal 989 (Super RBV de Rádio)

Emissoras de rádio:

AM 940 kHz - Rio de Janeiro/RJ • AM 1.230 kHz - São Paulo/SP • AM 1.300 kHz - Esteio, região de Porto Alegre/RS • OC 25 m - 11.895 kHz - Porto Alegre/RS • OC 31 m - 9.550 kHz - Porto Alegre/RS • OC 49 m - 6.610 kHz - Porto Alegre/RS • AM 1.210 kHz - Brasília/DF • FM 88,9 MHz - Santo Antônio do Descoberto/GO • AM 1.350 kHz - Salvador/BA • AM 610 kHz - Manaus/AM • AM 550 kHz - Montes Claros/MG • AM 550 kHz - Sertãozinho, região de Ribeirão Preto/SP • AM 1.210 kHz - Uberlândia/MG

PORTAIS

www.boavontade.com

www.religiaodedeus.org

www.jesusestachegando.com